中国近代新闻学名著系列丛书

芮必峰◎主编

新闻学入门

—— 黄天鹏◎著 ——

中国传媒大学出版社

·北京·

编委会

主　编　芮必峰

副主编　姜　红　刘　勇

编　委　贾　南　周　彤　张冰清　侯普曼

出版说明

本丛书整理再版了近代在中国用中文出版的经典新闻学著作，所涉及的图书既有专著、教材，也有译著，全面涵盖了新闻学理论、新闻业务、新闻史等领域，成书年份前后跨越40年。在这40年间，中国的新闻学科从无到有、从借鉴到创新，成就巨大。对这些著作的再次出版，为研究中国近代新闻学提供了珍贵的史料，绘制了中国近代新闻学的全景，度量了中国近代新闻学的厚度，填补了该领域空白，也为纪念中国新闻学诞生100周年献上了一份厚礼。

我们请中国人民大学新闻学院教授、博士生导师，广西大学新闻传播学院院长，教育部社会科学委员会委员兼新闻传播学科召集人郑保卫，及中国传媒大学传播研究院院长、教授、博士生导师，中央实施马克思主义理论研究和建设工程新闻学首席专家雷跃捷对本丛书的内容进行了审定，并根据专家的意见进行了修改。在此对两位专家所付出的辛勤劳动表示衷心感谢。

由于历史原因，本丛书中的个别图书存在一些问题，为保存历史原貌，为研究者提供一手的参考资料，影印时均基本保持其原貌，未作大的删改，希望读者结合当时的历史条件和历史环境，对其中的观点进行批判性借鉴。原书中存在一些错别字、漏字和排版错误，我们在影印时均未做改动，敬请读者注意。

由于原书出版年代久远，本丛书中的许多书籍难觅其踪，存世数量稀少，版权状况极其复杂。为了保证本丛书的学术性和完整性，我们将具有价值的图书先行选入其中，进行了抢救性发掘，力图保存中国新闻史珍贵的历史资料。版权所有人若有异议，请及时与我们联系。

为更好地体现中国近代新闻学的发展脉络，本丛书特别收录了欧美学者休曼的《实用新闻学》、斯蒂德的《新闻学的理论与实际》；日本学者松本君平的《新闻学》、后藤武男的《新闻纸研究》、杉村广太郎的《新闻概论》。当年这些书的出版对中国近代新闻学具有一定的借鉴意义。

本丛书为影印制作，成书清晰度由原书决定，由于出版年代久远，受当时生产力水平及制作方法限制，难免会存在一些缺陷，敬请读者谅解。

中国传媒大学出版社

总　序

如果从1903年商务印书馆编译出版日本人松本君平的《新闻学》算起，中国的新闻学已有115年历史[①]。如果从1918年北大新闻研究会建立，徐宝璜开办新闻学讲座算起，中国新闻学教育和研究迄今正好100年历史。我们搜集整理了清末至民国期间一些有代表性的新闻学书籍，希望借此重现早期中国近代新闻学的本来面貌，反映我国新闻学发展的历史脉络，我们认为，这对中国新闻学术、教育史研究以及中国近现代思想史研究都是很有意义的。

从1903年到1949年9月的40多年间，我国公开出版和内部印行的新闻学书籍，包括专著、教材、论文集、资料汇编、参考工具书等，约468种之多。[②]它们集中反映了我国新闻学的历史发展轨迹。然而，由于多种原因，这些书籍除了几本曾被重印出版外，大多已经是“只闻其名、难觅其踪”，这对我国新闻学研究不能不说是一个遗憾。

本丛书在梳理1903—1949年间出版的有代表性的新闻学书籍的基础上，精选了50部著作，校订注释，编纂再版，也算对这一遗憾的弥补。

从我们挑选的这50部新闻学书籍来看，中国早期新闻学的发展有三个鲜明的特点：

一、中国早期新闻学的发展与中国社会发展，尤其与国家民族利益息息相关

40多年间，中国新闻学从近乎空白到勃然而兴，这与中国社会的动荡、变

① 黄天鹏回顾新闻运动时说：“有清光绪二十八年，商务印书馆刊行《新闻学》一书，为我国人知有新闻学之始，原书为日人松本君平所著……”资料来源：黄天鹏．新闻运动之回顾［A］．黄天鹏．新闻学名论集［C］．上海：上海联合书店，1929．

② 林德海，等．中国新闻学书目大全1903—1987［M］．北京：新华出版社，1989．

革休戚相关。西方新闻学是现代化的产物，最早形成于19世纪末20世纪初。1901年,“新闻学”一词首见于中文报章[①]，但直到民国前夕，国人对于“新闻有学乎”尚存疑，认为报社就是新闻人才的“养成所”。至1912年上海报业俱进会以“吾国报业之不发达……其最大原因，则为无专门之人才”[②]为由，号召组织报业学堂，培养报业专门人才。不难看出，此时新闻界亦将新闻学视为办报之“技”。至1918年邵飘萍为徐宝璜《新闻学》作序仍“窃叹我国新闻界人才之寥落，良由无人以新闻为一学科而研究之者”[③]。黄天鹏把1903年至1918年新闻学研究会建立之前的十余年视为中国新闻学的启蒙期。[④]

1918年，随着以启蒙为目标的新文化运动愈演愈烈，新思潮涌入国门，“新学”“西学”站在旧传统的对立面被学界关注，新闻学思想也不例外。作为公学之首和新文化运动中心的北京大学率先开办新闻学研究会，力证了“新闻学”存在的正当性；徐宝璜《新闻学》一书问世，成为中国新闻学理论的奠基之作。新闻学教育兴起，新闻学研究著作渐盛，待到北伐前夕，中国新闻学从学理上和实践上俱已建立起来。

新文化运动后期，马克思主义传入中国，资本主义文明逐渐“祛魅”。之后的大萧条使得西方国家的痼疾暴露无遗，曾经“理想之彼方”的西方报业也难以幸免。在这一时代背景下，如何建立“吾国之报业”成为新闻学研究的热点，围绕这一热点，一方面，关于中外新闻理论、新闻事业、新闻业务的著作日益涌现；另一方面，军阀对于激进言论的暴力摧残，又引发了新闻人对于言论自由的论争。20世纪20年代的中国新闻学呈现百家争鸣之势。

“在这言论自由纷争之际，也有若干论调，认为新闻纸不过是一种政治宣传的工具，在新闻学方面也唱过所谓社会主义的新闻理论，不过这种论调没有完成，当头的国难已把这种理论粉碎。”[⑤]“九一八”事变后，面对空前的民族危机,“国家至上、民族至上”成为国论，报业成为勾连与动员社会的渠道和网络，

---

① 梁启超．本馆第一百册祝辞并论报馆之责任及本馆之经历［J］．清议报，1901（100）：1–8．

② 戈公振．中国报学史［M］．上海：上海书店，1989：278．

③ 徐宝璜．新闻学［M］．长春：时代文艺出版社，2009：7．

④ 黄天鹏．四十年来中国新闻学之演进［M］//龙伟，任羽中，王晓安，何林，吴浩．民国新闻教育史料选辑．北京：北京大学出版社，2010：149．（以下征引本书时，一律简注为《民国新闻教育史料选辑》。）黄天鹏在此文中提出他对于1903年到战事结束的40余年间中国新闻学发展阶段的划分，原载《中国新闻学会年刊》第1期，1942年9月。

⑤ 黄天鹏．四十年来中国新闻学之演进［M］//民国新闻教育史料选辑．北京：北京大学出版社，2010：161．

致力于推动“舆论统一”。直到全面抗战中期之前，以战争宣传动员为主要研究目标的“战时新闻学”都是新闻学研究的热点。

1943—1949年中华人民共和国成立前夕，随着战争形势的转变，抗日战争已现胜利的曙光，中国新闻学人开始构想新闻业的未来。萨空了①于1943年开始着手书写《科学的新闻学概论》，旨在提醒新闻人应“鉴于美英的前车”②，避免报纸“为大财阀资本家所独占”③，“积极地设法使报纸成为大多数民众自己的相互报道消息、提供意见的工具”④。

二、中国新闻学是“西学东渐”的产物，中国早期新闻学人大多具备西学背景

“西学东渐”的内在精神是中体西用。在“用”的招牌下，西学大量涌入。中国新闻学直接引自日本和美国。首先，中国最早的新闻学译著分别为1903年商务印书馆编辑出版的松本君平的《新闻学》和1913年美国记者休曼著、史青编译的《实用新闻学》。前者成为中国新闻学的开端，而后者作为美国第一本新闻教育著作，“提供采访编辑各种实际问题的解决方案”⑤，也奠定了中国新闻人对于新闻教育之作用的基本构想。

早期中国新闻学人大多具备留美留日的求学背景。徐宝璜曾于美国密歇根大学修习经济学与新闻学，其《新闻学》（1919）的参考文献包括在美国出版的图书23种、在英国出版的图书7种，印证了时任北大校长蔡元培所言，“新闻学之取资，以美为最便矣”⑥。任白涛求学日本早稻田大学政治经济学系时，加入了《朝日新闻》名记者杉村楚人冠等筹建的“大日本新闻学会”⑦,《应用新闻学》

---

① 萨空了（1907—1988）四川成都人，蒙古族，笔名了了、艾秋飚，记者、主编、新闻学家。1927年任《北京晚报》《世界日报》编辑记者、《世界画报》总编辑。曾任教民国学院新闻系、北京新闻专科学校。1935年任上海《立报》副刊主编、总编辑兼经理。中华人民共和国成立后任中央人民政府新闻总署副署长兼新闻摄影局局长、出版总署副署长、全国政协副秘书长兼《人民政协报》总编辑等职。负责主编《中国大百科全书·新闻出版》卷，著有《科学的新闻学概论》《科学的艺术概论》《宣传心理研究》等。

② 萨空了. 科学的新闻学概论［M］. 香港：文化供应社，1946：36.

③ 萨空了. 科学的新闻学概论［M］. 香港：文化供应社，1946：36.

④ 萨空了. 科学的新闻学概论［M］. 香港：文化供应社，1946：36.

⑤ 黄天鹏. 四十年来中国新闻学之演进［M］//龙伟，任羽中，王晓安，何林，吴浩. 民国新闻教育史料选辑，北京：北京大学出版社，2010：157.

⑥ 邓绍根. 中国新闻学的筚路蓝缕：北京大学新闻学研究会［M］. 北京：清华大学出版社，2015：228.

⑦ 1915年《朝日新闻》的杉村楚人冠等在庆应义塾大学创办“新闻研究会”并讲授课程，后根据该讲义出版了《最近新闻纸学》（1918）。其时，杉村楚人冠还兼任“大日本新闻学会”的筹建者与学会新闻讲座讲师。

（1922）正是仿照杉村楚人冠《最近新闻纸学》一书体例所做。[①]邵飘萍的《实际应用新闻学》（1923）亦参考了《最近新闻纸学》。[②]杉村楚人冠深受美、德新闻思想熏陶，美、日、德的新闻思想因故才传到中国。

事实上，正是留美、留日学生群体的新闻学著述构建起了中国早期新闻学的基本框架。仅本丛书所涉国内著（编）者30人中，剔除资料不详者3人，有留学经历者共计15人。其中留美5人：徐宝璜、伍超、赵敏恒[③]、戈公振[④]、曹用先[⑤]；留日8人：吴定九[⑥]、邵飘萍、黄天鹏、任白涛、张友渔[⑦]、谢六逸、袁殊[⑧]、王文萱[⑨]；

① 周光明．近代新闻史论稿［M］．北京：社会科学文献出版社，2014：276.

② 方晓红．中国新闻简史［M］．南京：南京师范大学出版社，1996：122.

③ 赵敏恒（1904—1961），记者、新闻学教授。早年就读于清华大学，1923年起先后于美国科罗拉多大学文学院、密苏里大学新闻学院、哥伦比亚大学新闻学院攻读英国文学和新闻学，并获新闻学硕士学位。1925年起在纽约环球通讯社当编辑。1927年回国，在国民政府外交部情报处短暂工作后加入路透社。1945年10月任《新闻报》总编，兼任复旦大学新闻学教授。

④ 留学两个及两个以上国家的，按其留学的第一个国家计。

⑤ 曹用先，女，宁波人，天津南开大学社会科毕业。1926年与未婚夫查良鉴自南开大学毕业后，同赴密歇根大学留学，1930年在该校安娜堡完婚。硕士毕业后回国，曾就职于上海商务印书馆编辑所并任教于大夏大学，1949年与查赴台，1951年4月病逝于台湾。

⑥ 吴定九（1890—1930），名鼎，字定九，嘉定人。著名报人，《京报》元勋之一，著有《新闻事业经营法》。公派赴日本名古屋学习土木工程时，与在东京政法学校读书的邵飘萍成为密友。1923年9月，私立北京平民大学设立报学系，时任京报社经理的吴定九担任教授并讲授专业课程“新闻经营法”。

⑦ 张友渔（1898—1992），原名张象鼎，字友彝，又名张忧虞，山西灵石人。法学家、政治学家、新闻学家。先后求学于山西第一师范学校，国立北平法政大学法律系。1927年任《国民晚报》社长兼总编辑。同年加入中国共产党，任中共北平市委委员兼秘书长。1930年赴日留学。“九一八”事变后回国任《世界日报》主笔及燕京大学、中国大学、民国大学、中法大学、北平大学法商学院教授，讲授宪法学、劳动法学、新闻学和日本问题。1943年起在重庆任中共南方局文委秘书长、《新华日报》社论委员会委员、中共重庆工作委员会候补委员兼政策研究室副主任、《新华日报》代总编辑等职。

⑧ 袁殊（1911—1987），中共谍报人员、记者、新闻学者。早年赴日攻读新闻学、东洋史。曾创办上海自修大学并设新闻专科。1931年3月创办的《文艺新闻》，最早揭露了左联五烈士被害的消息。1932年任新声通讯社记者，经潘汉年引介加入共产党。1942年卧底敌伪报纸《新中国报》，1945年10月转移到苏北解放区；1949年调入中央情报部门。著《记者道》《学校新闻讲话》《新闻大王赫斯特》等书；译《新闻法制论》等。

⑨ 王文萱，曾留学日本，1930年5月翻译杉村广太郎的《新闻概论》。1942年国立社会教育学院新闻系成立，王文萱在该系教授新闻业务课程。1947年年初，李宗仁授意萧一山在北平创办《经世日报》作为喉舌，任命王文萱、蓝文澄两位教授为主笔。

旅欧2人为胡愈之和储玉坤[①]（详情见表）。这些涉足新闻学研究的归国留学生兼容并蓄，汲取美、日、德等国新闻理论和马克思主义新闻思想的精华，进行本土化改良，亦从侧面反映出中国新闻学的理论来源。

三、中国早期新闻学人往往兼新闻实践、新闻教育、新闻研究于一身

1918年，北京大学新闻学研究会成立，徐宝璜负责讲授新闻学知识。他结合自身从业经验，参考欧美新闻学书目，形成课程讲义；再结合讲课心得，不断完善新闻学理论。1919年，国人自撰的第一本新闻学专著《新闻学》最终成书。徐在自序中细陈写书修书之过程："新闻学乃近世青年学问之一种，尚在发育时期。余对于斯学，虽曾稍事涉猎，然并无系统之研究。客岁蔡校长设立新闻学研究会，命余主任其事，并兼任导师。余乃于暑假中，正式加以研究，就所得著《新闻学大意》一篇，以为开会后讲演之用。……开会后，余继续研究，加以会员之质疑问难，时有心得，遂将原稿加以修改，成第二次之稿……"[②]显然，"曾稍事涉猎"指其曾经担任《晨报》主笔的工作经历。早期中国新闻学人兼具从业经验和新闻学教学经验者多会总结实践经验、丰富新闻理论、著书立说、传道授业，这种情况并不鲜见。

从早期新闻学著作的作者（编者）身份来看：本丛书涉及国内著（编）者30人，除李公凡、刘元钊和鲁风三人身份不详，仅蒋国珍[③]、项士元[④]二人没有明确的新闻从业经验。而在这25人中，更有20人兼具从业经历与从教经历。新闻学人大多具有新闻从业经历，学术研究、传承活动与新闻实践密不可分（详

① 储玉坤，1912年生，江苏宜兴人，笔名雨君、储华。1937年中央政治学校大学部新闻学及国际政治专业毕业。1938年1月任《文汇报》编辑兼社论撰述者；1938年5月担任《文汇报》法国哈瓦斯分社编辑；抗战胜利后，任《文汇报》总主笔。1946年5月转任《申报》主笔和法国新闻社远东分社中文部主任，兼任中国新闻专科学校教务长和沪江大学新闻系教授。著有《现代新闻学概论》《第二次世界大战史》《美国经济》。

② 邓绍根，中国新闻学的筚路蓝缕［M］. 北京：清华大学出版社，2015：244.

③ 蒋国珍出生于1896年，江苏溧阳人，做过学生运动领袖、国民党党员、教育工作者、政府职员、银行经理。曾加入上海学生运动，代表上海全国各界联合会、全国学生联合会、上海各界联合会、学生联合会四团体发声。虞文俊认为其传世的《中国新闻发达史》翻译自日本人伊藤武雄的《中国新闻发达史》，即蒋国珍应为此书的译者而非著者。

④ 项士元（1887—1959），佛教居士、学者。原名元勋，号慈圆，又号石槎。浙江临海人，通日、英、德、梵、俄文，一生佛学著作等身。25岁毕业于杭州府中学堂，后办私立小学和赤城初级师范，兼任各校教师；捐资并赠书创办了临海图书馆。项士元长期辗转江浙等地从事教育、新闻和史志方面的研究工作。中华人民共和国成立后主持台州文管会，任浙江省文史馆馆员。所著《浙江新闻史》是中国最早的新闻史之一。

见表1[①]）。

从新闻学著作本身来看，许多民国新闻学书籍正是新闻实践和新闻教育的直接产物：国人自撰的第一部新闻采访学专著——《实际应用新闻学》根据邵飘萍在北京大学新闻学研究会和平民大学新闻系的讲稿所著，《新闻学总论》一书则根据邵氏国立政法大学的新闻学讲义整理而成；周孝庵[②]根据自己在复旦大学的新闻学讲义编著了《最新实验新闻学》；郭步陶[③]的《本国新闻事业》是上海市私立申报新闻函授学校讲义之十一；而《新闻学的基础知识》本就是中美日报读讯会[④]为新闻学自修者所出版的教材《实用新闻学讲义》之一；储玉坤的《现代新闻学概论》则是专门为大学新闻理论教科书而编写的（详见表2）。

正是由于早期新闻学人兼新闻实践、新闻教育、新闻研究于一身，才能为理论教学与著述提供最鲜活的案例，促使新闻实践经验迅速融入新闻学理论研究。这是近代中国新闻学迅速发展的重要因素，对于当今的新闻学研究、新闻学教育工作也有重要启示。

本丛书编委会邀请相关领域资深专家进行研讨，认真甄选了书目，仔细进行了版本比较和甄别，从而保证了本丛书较高的学术权威性。

由于历史的局限，民国新闻学书籍的不足是明显的，如学术理论不成熟、部分话语和话题打上了深深的时代烙印等；又因书中涉及的新闻稿件写作于特定历史环境和历史年代，其表达方式不严谨亦不可避免。盖所选书目皆是历史文献，我们在审校中尽量保持其历史原貌，不做大的删改；对极个别对马克思

---

① 李秀云．留学生与中国新闻学［M］．天津：南开大学出版社，2009：239-251．本书中李秀云整理了民国期间从事新闻学研究的留学生44人，并分析其留学国别构成、专业构成、新闻实践经历、从教经历等。

② 周孝庵（1900—1973），佛教学者、律师、报人。松江府人。毕业于江苏省立第一商业学校。历任上海时事新报馆记者、编辑、主编，著《最新实验新闻学》。1928年秋被复旦大学聘为新闻学教授。曾于上海法政大学获法学学士学位，1930年兼律师。1932年主编上海《新闻报》"法律质疑"栏目、编著了《法律质疑汇编》。上海沦陷后，曾氏关闭了律师事务所，潜心佛学研究。

③ 郭步陶（1879—1962），原名成爽，后改名惜，字步陶。四川隆昌人。名记者、新闻研究者。1911—1917年任《申报》编辑，1917年任《新闻报》编辑主任、主笔。1930年任教于复旦大学新闻系。上海沦陷后赴香港，任职于《申报》（香港）、《星岛日报》；1939年创建中国新闻学院（香港）并任院长。抗战胜利后回沪任教于复旦大学、新中国学院。

④ 《中美日报》是"孤岛"时期的国民党报纸，为躲避日伪新闻检查，在美商罗斯福出版公司招牌下运作，副刊有《集纳》《堡垒》等。1938年11月创刊，1941年12月停刊，1945年8月复刊，次年4月终刊。总编先后为杨勋民、查修、詹文浒，总主笔周宪文，执笔者有储玉坤、章丹枫等。胡道静曾任英文编辑。报社读讯会为自修新闻学的读者出版了《实用新闻学讲义》，共计10种，对编辑术、采访术、评论作法、新闻写作、新闻学史、剪报工作等都有专篇论述。

主义、共产党等的不适当叙述已进行了删除处理。

本丛书规模较大，从策划项目、搜集资料、校订编纂到审稿成书，历时两年有余。这50本书可能并非本本经典，其中有些内容亦有重复、雷同之处，但瑕不掩瑜，它们对于研究中国新闻学功不可没，作为新闻史资料极具研究价值。感谢中国传媒大学出版社和安徽大学新闻传播学院诸位老师的辛勤付出，也希望读者在本丛书中能读出更丰富的内容，获得启发并更深入地思考。

丛书主编　芮必峰

2018年5月7日

附表：

表1　著者受教育、从业、从教及著述情况列表

序号	姓名	是否留学及留学国家	从业经历	从教经历	著作
1	徐宝璜	美国密歇根大学，经济学、新闻学	北京《晨报》主笔	北京大学新闻学研究会、北京平民大学新闻系	《新闻学》《新闻事业》
2	戈公振	1927年赴美国、日本考察新闻事业	首创《图画时报》、“上海新闻记者联合会”会长、《申报》总管理处设计处主任兼《申报星期画刊》主编	上海南方大学新闻系、上海国民大学新闻系、复旦大学新闻系、上海沪江大学商学院、上海民治新闻学院	《新闻学撮要》《中国报学史》《新闻学》
3	邵飘萍	东京政法学校	《汉民日报》主编、《时事新报》《申报》《时报》主笔、创办“北京新闻编译社”、《京报》社长	北京大学新闻学研究会、北京平民大学新闻系、国立法政大学	《实际应用新闻学》《新闻学总论》
4	吴定九	日本名古屋工业专门学校土木工程	主持《京报》	北京平民大学新闻系、国立法政大学	《新闻事业经营法》
5	谢六逸	日本早稻田大学东洋文学史	《立报》文艺副刊《言林》主编、《国民周刊》《趣味》周刊主编	复旦大学新闻系、申报新闻函授学校、国立社会教育学院新闻系、暨南大学新闻系、大夏大学新闻系	《实用新闻学》《国外新闻事业》《新闻储藏研究》
6	黄天鹏	日本早稻田大学新闻系硕士	在北平创刊《新闻学刊》并担任主编	复旦大学新闻系、上海沪江大学商学院新闻学科	《新闻文学概论》《中国新闻事业》《新闻学入门》《新闻学概要》
7	赵敏恒	美国科罗拉多大学文学院、密苏里大学新闻学院、哥伦比亚大学新闻学院攻读英国文学和新闻学，并获新闻学硕士学位	纽约环球通讯社编辑，后加入路透社。“九一八”事变后为美国国际新闻社、伦敦《每日电讯报》《朝日新闻》等供稿。1945年10月任《新闻报》总编辑	复旦大学新闻系、中央政治学校新闻系、暨南大学新闻系	《外人在华的新闻事业》

续表

序号	姓名	是否留学及留学国家	从业经历	从教经历	著作
8	周孝庵	无	历任上海时事新报馆记者、编辑、主编；主编《上海新闻报》“法律质疑”栏目	复旦大学新闻系、新闻大学函授科	《最新实验新闻学》
9	张友渔	1930年、1932年、1935年多次赴日学习新闻学、考察日本新闻事业	《世界日报》编辑、《大同晚报》总编辑、《国民晚报》社长、《泰晤士报》总编辑、《新华日报》社论委员	燕京大学新闻系、北平民国学院新闻系	《新闻之理论与现象》《日本新闻发达史》
10	袁殊	日本新闻专科学校、早稻田大学历史系	创办《文艺新闻》《译报》、新声通讯社记者	上海自修大学新闻专科	《记者道》《学校新闻讲话》《新闻大王赫斯特》《新闻法制论》(译)
11	胡愈之	1928年法国巴黎大学攻读国际法	《东方杂志》编辑、创办《公理日报》、哈瓦斯通讯社远东分社中文部编辑主任、主编新加坡《南洋商报》		《胡愈之出版文集》
12	储玉坤	留法	《新闻报》编辑、《文汇报》编辑、法国哈瓦斯通讯社中国分社编辑、《文汇报》总主笔、《申报》主笔、法国新闻社远东分社中文部主任	中国新闻专科学校、沪江大学新闻系、之江大学新闻系、致用大学新闻学系	《现代新闻学概论》
13	任白涛	日本早稻田大学政治经济学	创办中国新闻学社、《新湖北日报》总编辑		《应用新闻学》《综合新闻学》
14	曹用先	美国密歇根大学①	上海商务印书馆编辑所②	大夏大学③	《新闻学》

① 毛彦文．往事［M］．北京：商务印书馆，2012：28．

② 雪林．一段值得介绍的婚姻（红藏·生活·第四卷第三十八期）［M］．湘潭：湘潭大学出版社，2014：435–437．

③ 毛彦文．往事［M］．北京：商务印书馆，2012：28．

续表

序号	姓名	是否留学及留学国家	从业经历	从教经历	著作
15	王文萱	留日[①]	《经世日报》[②]	国立社会教育学院新闻系[③]	《新闻概论》（译）
16	伍超	留美“攻读新闻科”[④]			《新闻学大纲》
17	郭步陶	无	《申报》编辑、《新闻报》编辑主任兼主笔、《申报》（香港）、《星岛日报》编辑	复旦大学新闻系、《申报》新闻函授学校、中国新闻学院（香港）、新中国学院	《本国新闻事业》
18	任毕明[⑤]	无	《民国日报》《时报》《快报》主笔、《大众日报》总编辑	香港中华新闻学院	《战时新闻学》《评论学十讲》
19	赵君豪[⑥]	无	《申报》副总编辑	上海商学院新闻专修科、复旦大学新闻系、上海法政学院新闻专修科	《中国近代之报业》《上海报人的奋斗》

① 杉村广太郎. 新闻概论·黄序［M］. 王文萱，译. 上海：联合书店，1930.

② 冯国定. 忆萧一山先生［M］//中国人民政治协商会议北京市委员会文史资料研究委员会文史资料选编（第43辑），北京：北京出版社，1992：104.

③ 苏州大学社会教育学院. 峥嵘岁月（第三集）［M］. 北京、上海、南京、苏州校会. 1991：229.

④ 伍超. 新闻学大纲·自序［M］. 上海：商务印书馆，1925.

⑤ 任毕明，原名任大任，生于1904年，广东鹤山人。1925年在广西梧州创办《民国日报》，曾任《时报》《快报》主笔，主持过香港的《大众日报》。参与创办香港中华新闻学院，并任教。著作有《龙虎集》《风云集》《社会大学》《新社会大学》《战时新闻学》和《评论学十讲》等。

⑥ 赵君豪（1900—？）江苏兴化人。报人。“五四时期”求学于上海交通大学，经常给著名的《民国日报》副刊《觉悟》投稿，并与时任《觉悟》编辑的邵力子讨论种种社会改造问题。毕业后进入《申报》馆工作，抗战后任《申报》副总编辑。1929、1942年两度兼任复旦大学新闻系编辑教授；1930年兼任上海法政学院新闻专修科教授，讲授采访学；曾任《申报》新闻函授学校教授。1944年10月在重庆出版《上海报人的奋斗》。

续表

序号	姓名	是否留学及留学国家	从业经历	从教经历	著作
20	杜绍文①	无	杭州《民国日报》国际版编辑、《东南日报》《前线日报》主笔兼《新闻战线》周刊主编、《东南日报》总编辑、《文汇报》办公室主任	复旦大学新闻系	《新闻政策》《中国报人之路》《战时报学讲话》《国际新闻纵横谈》
21	胡道静②	无	《万有文库》编辑、上海通志馆编修、《通报》《中美日报》《大晚报》等报记者、编辑、撰稿人	上海法政学院新闻专修科	《上海新闻事业之史的发展》
22	张静庐	无	创办上海杂志公司并出任总经理		《中国的新闻记者与新闻纸》《中国近代出版史料》《中国现代出版史料》《中国出版史料》《在出版界二十年》
23	萨空了	无	《北京晚报》编辑记者、《世界日报》画刊编辑、《世界画报》总编辑、天津《大公报》艺术半月刊主编	民国学院新闻系、北京新闻专科学校	《科学的新闻学概论》

① 杜绍文（1909—？），又名杜超彬，广东澄海人。1927年入复旦大学中文学新闻组学习，1931年留校助教。后任杭州《民国日报》国际版编辑、资料室主任、浙江《东南日报》主笔。抗战期间主编浙江战时新闻学会会刊《战时记者》月刊，《国民日报》总编辑、社长；抗战胜利后任上海《前线日报》主笔兼《新闻战线》周刊主编。1946年至1951年间任复旦大学新闻系教授，1952年任上海《文汇报》记者、编委办公室主任。著有《新闻政策》《中国报人之路》《战时报学讲话》《国际新闻纵横谈》。

② 胡道静（1913—2003），安徽泾县人。1931年毕业于上海持志大学国语系。曾参加《万有文库》编辑和上海通志馆编修工作。"孤岛"时期坚守上海新闻界抗日宣传工作，任《通报》《中美日报》《大晚报》《密勒氏评论报》记者、编辑、撰稿人，同时在上海法政学院新闻专修科讲授新闻史课程，为共产党的抗日宣传培养新闻干部。1949年后历任中华书局上海编辑所编辑、上海人民出版社编审等。

续表

序号	姓名	是否留学及留学国家	从业经历	从教经历	著作
24	管照微[①]		复旦大学校刊编辑、1931 年兼任上海新闻社记者	兰州大学经济系	编《新闻学论集》
25	项士元				
26	蒋国珍	疑为《中国新闻发达史》的译者而非著者[②]			
28	李公凡	不详			
27	鲁风	不详			
28	刘元钊	不详			

① 管照微，高中就读于上海立达学园，曾与王济深、刘仲达、唐旭之等先后组织了“时潮社”和“立达剧团”。后进入复旦大学新闻系学习，与伍梦窗、林楚君、向湔、徐之津等加入了复旦大学“左联”，并负责复旦大学的校刊编辑工作。1933年12月21日因宣传左翼思想被捕，后任教于兰州大学经济系。

② 虞文俊是东亚中国新闻史研究第一人。《中国新闻发达史》译者蒋国珍初考［J］. 新闻界，2015（15）.

表2 书目

序号	年份	书名	作者	备注
1	1903	新闻学	〔日〕松本君平 著	
2	1913	实用新闻学	〔美〕休曼著 史青译	
3	1919.12	新闻学	徐宝璜[①] 著	北京大学 新闻研究会讲稿
4	1922.11	应用新闻学	任白涛[②] 著	
5	1923.8	实际应用新闻学	邵振青 著	北京平民大学、 国立法政大学讲义
6	1924.4	新闻事业	徐宝璜 胡愈之 著	
7	1924.6	新闻学总论	邵飘萍 著	
8	1925.1	新闻学大纲	伍超 著	
9	1925.2	新闻学撮要	戈公振[③] 编	
10	1927.9	中国新闻发达史	蒋国珍 著	
11	1927.11	中国报学史	戈公振 著	
12	1928.9	中国的新闻纸	张静庐 著	
13	1928.11	最新实验新闻学（上）	周孝庵 著	复旦大学新闻系
14	1928.11	最新实验新闻学（下）	周孝庵 著	复旦大学新闻系
15	1930.4	新闻事业经营法	吴定九 著	
16	1930.5	新闻概论	〔日〕杉村广太郎 著 王文萱 译	

① 徐宝璜，中国新闻学者、新闻教育家。1912年毕业于北京大学，后公费留美，于密歇根大学攻读经济学、新闻学。徐宝璜在美国密苏里大学受过系统的新闻学教育。

② 任白涛，笔名冷公、一碧，河南南阳人。1911年辛亥革命后，先后担任上海《民立报》《神州日报》《新闻报》驻河南特约通讯员，参加当地反袁活动。1916年留学日本，在早稻田大学攻读政治经济学，并加入了大日本新闻学会。

③ 戈公振所著的《中国报学史》最早由上海商务印书馆出版，是研究新闻学和我国新闻事业发展史的开山之作，国内外新闻界将之誉为中国首部新闻史学权威著作。任教上海国民大学期间，戈公振开始着手《中国报学史》一书的写作。在从事新闻工作之余，戈公振致力于新闻教育事业和新闻学研究工作，曾在上海国民大学、南方大学、大夏大学、复旦大学等校新闻系和杭州暑假报学讲习所讲授新闻学方面的课程，在新闻学研究上留下了许多著述。

续表

序号	年份	书名	作者	备注
17	1930.8	中国新闻事业（上）	黄天鹏[①] 著	
18	1930.8	中国新闻事业（下）	黄天鹏 著	
19	1930.8	新闻纸研究	〔日〕后藤武男 著 俞康德 译述	
20	1930.9	浙江新闻史（上）	项士元 编	
21	1930.9	浙江新闻史（下）	项士元 编	
22	1932.7	学校新闻讲话	袁殊 著	
23	1932.8	外人在华的新闻事业	赵敏恒 著	
24	1933.4	新闻学入门	黄天鹏 著	
25	1933.10	新闻学论集	管照微 编	复旦新闻学会丛书
26	1935	实用新闻学（上）	谢六逸[②] 编	申报新闻函授学校讲义之三
27	1935	实用新闻学（下）	谢六逸 编	申报新闻函授学校讲义之三
28	1934.1	新闻学	曹用先	
29	1934.2	新闻学概要	黄天鹏 编	复旦大学讲义、上海沪江大学新闻学专修科
30	1935	上海新闻事业之史的发展	胡道静 著	
31	1936.5	新闻学讲话	刘元钊 编著	

① 黄天鹏，字天鹏，别号天庐。1927年1月，他创办了我国首个新闻学刊（1929年扩改为《报学月刊》）并任主编；他是我国新闻学术史上最早研究新闻学之产生及发展史的学者，是我国具有新闻学术史观的第一人。他于1923年就读于北京平民大学报学系，1929年留学日本,修业新研究所,旋入早稻田大学新闻系。归国后出版了《新闻文学概论》《中国新闻事业》《新闻学入门》《新闻学概要》等十余本新闻学专著。

② 谢六逸，中国现代新闻教育事业的奠基者之一。著名的作家、翻译家、教授。1917年以公费生身份赴日就读于早稻田大学。1922年毕业归国，入商务印书馆工作。后历任神州女校教务主任及暨南大学、复旦大学、大夏大学教授。1930年任复旦大学中文系主任，并创设了后来闻名海内外的复旦大学新闻系，任主任。

续表

序号	年份	书名	作者	备注
32	1936	本国新闻事业	郭步陶 编著	申报新闻函授学校讲义十一
33	1936.6	新闻之理论与现象	张友渔 著	
34	1936.11	记者道	袁殊 著	
35	1937.7	现代新闻学概论	储玉坤 著	国民党政府唯一指定大学新闻理论教科书
36	1938.7	战时新闻学	任毕明 著	
37	1938.9	中国近代之报业（上）	赵君豪 著	
38	1938.9	中国近代之报业（下）	赵君豪 著	
39	1938.10	基础新闻学	李公凡 著	
40	1939.7	中国报人之路	杜绍文 著	
41	1940.4	新闻学	戈公振 著	1932 年完稿，另有 1947 年版
42	1941	新闻学的基础知识（上）	中美日报读讯会 编	中美日报读讯会实用新闻学讲义
43	1941	新闻学的基础知识（下）	中美日报读讯会 编	中美日报读讯会实用新闻学讲义
44	1941.7	综合新闻学 1	任白涛 著	
45	1941.7	综合新闻学 2	任白涛 著	
46	1941.7	综合新闻学 3	任白涛 著	
47	1944.9	新闻学	鲁风 著	新中国自修学院约稿
48	1946.6	科学的新闻学概论	萨空了 著	另有 1945.3 出版的署名艾秋飚的版本
49	1946.11	新闻史上的新时代	胡道静 著	
50	1947.12	新闻学的理论与实际	〔英〕斯蒂德 著 王季深 吴饮冰 译	上海文化函授学校读本

新聞學入門

目次

自序

『自己的青春，在墨水中消逝了。』這青春所留下的紀念，就是這一堆「Journalism」的作品。這許多書中大半由窮愁壓搾下來的，我自己並不滿意。而且是在幾個書店出版，或是數十種以上報紙和雜誌發表，亂雜與互見的地方，當然無可避免。我曾經有過一個計劃，把自己的作品整理一下，出個「新聞學全集」或是「新聞學十講」，把互見的删脫，把缺少的補訂。然而時間始終不會給我有閒，多年以來終是個計劃而已。

這幾年來，收到不知多少靑年們的來信，請問治學的方法，我實在有點頹唐了，三四年不曾出過一本新書，以後也許就此能筆。實在也是生活太緊張，竟沒有給我執筆的餘裕。但又却不過人家的盛意，只得把幾篇發表過的治學方法論集起來，獻給有志新聞學的青年們做個入門。也許這是ＡＢＣ，然而治學不從ＡＢＣ念起，從那裏念起。

入門的書讀完，在我的著述中，還有幾本可以一讀，一是新聞學概要（中華書局出版）這是新聞學的基礎智識；一是中國新聞事業（現代書局出版）這是記述新聞界的實際情況；一是新聞文學概論（光華書局出版）這是講述新聞寫作的技能。其餘的隨意讀罷了。

至於我的思想和意見，在許多書中說得很詳盡了。本書最後的一篇文字，很可代表我在輟筆前對新聞學的轉變，特地附在卷末代跋。

殘漏將盡，鷄鳴起舞，無冕王平亭世界，請把筆刀當寶刀！

黃大鵬序於上海時事新報館

上篇 研究新聞學的方法

新聞學 Journalism 是現代一種最新的科學，也是一種包羅萬象的學問。治學的方法，據我的經驗，第一要有濃厚的興趣，第二要有堅決的信心，第三要有前進的勇氣。因爲有興趣，才能滋滋有味；有信心才不致見易思遷；有勇氣才不致功虧一簣。復用從前書呆子傻幹的精神，應用現代科學的方法，這樣的鑽研，自可達到成功之域。茲將研究新聞學的方法，約略分幾方面來講：

一 現代新聞學的位置

在一世紀以前，大家還不承認「新聞」可以成爲一種獨立的科學，有的認做近代的歷史，有的把它歸入文學一類去，我國二三十年前，學者常有「新聞也成學嗎」的疑問，到近年來，才給它一個新的位置。本來「新聞」也有悠久的史蹟，古代羅馬的Actadiwna ，我國漢唐的「邸報」，都是最早的官報，一直數千年的綿延着。到了近世賴着現代文明的孵育，科學的發達，和需求的逼切，而形成一種新的科學。以新聞紙的對象，探討新聞紙上的問題，求一至善的解决方案，才立下新聞學的基礎。在歐美 Journalism 這百年來風靡一時，佔新興科學中最優良而重要的位置。在我國也已嶄然露頭角，成爲一種最新的科學。

新聞既有了這麼悠長的歷史，怎麼到了近代才抬頭呢？這是因爲世界交通愈發達，人間的事業愈更繁賾，科學愈昌明，研究的對象愈更精進。我們既不能閉關自守，或回到老死不相往來的時代，則惟有謀人與人間的溝通，以改進人類的羣居生活。而新陳的代謝，消息的傳達，却急切的需要着新的善的工具，來負担這種偉大的使命。大之國家與國家間，小之個人與個人間所發生的事件和問題，都迫切待着解決，著書爲時間所延擱，口傳爲空間所限制，只有「報」一才有迅速敏捷的可能。於是藉着文明和科學的大力而產生了現代的新聞紙。

研究新聞紙的學理的就是新聞學，在表面上看起來不過是新聞的採編，論說的選述，及營業的廣告發行而已，其實只就新聞二字來說，已包含世界上「其大無外，其小無內」的事物，非有很好的修養和學問，洞明人生一切的關係，未必能澈底的領悟。所以新聞雖僅一種科學，而却需要着許多科學來幫助的。我們試想新聞記者以一枝筆，來應付萬事萬物的變化，來記載宇宙間的形形色色的現象，不是有淵博的學問，豐富的閱歷，敏銳的眼光，優美的文筆，怎能夠勝任愉快呢。

上面可以舉一個例子來說明，譬如做一個電訊記者，對於政治經濟歷史地理等都要有相當的學識，因爲一件新聞，同時是牽涉到多方面的，並不是單純的，你只讀過幾本新聞學的書，和單想靠着你編輯的才幹經驗，那一定是不行的。其他較專門的如政治外交教育社會等記者也是如此。所以我主張「新聞學」不應該附入「文學類」或屬於社會學，而應獨立着。它雖然是社會科學，同時和自然科學也有密切的關係。圖書館把它編在總類裏面，或獨立一門，是較適當的辦法。它是像地球星般，和許多環繞着它的星象，互相的維繫一般。

這個說明對於新聞學的位置，可以明瞭了罷。近來各國對這門科學的注意，可以從新聞教學的勃興中看出來，英國倫敦大學早就設有 Journalism Cowrse 了，其他各大學也很盛行。而最注重實用，設備也較完善的要算美國，在世界上是負有盛名的。不過最科學而新式的只有德國了，日本前年帝國大學設新聞學研究室，也是聘德人來指導的。這種情形不必細述，而新聞學位置的提高和重要性，由這點上可以看出來。我國近來新聞教育已風起雲湧，新聞學的書籍也漸漸的多了，可見現代新聞學的位置，不只在學術界中確立了，而且在各種科學中佔着重要的位置了。

二 研究新聞學的必要

新聞紙在今日已成爲人生的日用品，和晨餐一樣的重要。法國人的開門三件，是牛乳麵包和報紙。還有人說『我願居在有報紙沒有法律的國家，而不願居在有法律而沒有報紙的國家。』由上面這些話看起來，新聞紙與人生的關係，可見一斑了。我們每天晨起，閱報已成爲一種習慣，披讀一過，世界人類的活躍，大自然的祕密，都收入眼底了。若是一天沒有報紙了，好像一天的一件大事沒有做，很苦悶着，雖然有耳目，遠處却無從聞見，毋怪人要說「報紙是人類的食糧」了。

新聞紙和人生既有這麼密切的關係，新聞學自然誰都有研究的必要了。假使對新聞學有相當的了解，對新聞學有若干的常識，則對報上的記載，自有較深的認識，報上的評論，也必有更明確的評斷，在社會上爲報紙的監督者，在自己增加了是非的判別力。至於非常時如戰爭戒嚴時期，報上是不能公開的登載，而事件的眞相，往往在字裏行間流露出來，懂得新聞學可以減少錯誤的觀察，而較一般不懂新聞學的較易得要領，和記者苦心的暗示。再推廣說，用這種科學來觀察社會上政治上的一切事物，來應付人生日常生活，也是一種最適用的必需的常識。因此我每每說，新聞學最低可以給人縝密的思想，敏銳的觀察，和果決的判斷力。進可以效力社會，爲輿論界的中堅，退可以析疑辨難，以之處世窮理。爲人人必具有的普通智識——常識。

新聞學當新聞記者和新聞的從業者應該研究，自然用不着說。大學內應該設新聞學的專科，以備一般有志從事新聞事業者得受高深的教育，或對「新聞學」有特別興趣的選讀，也是大家所公認，也用不着多講。我是早就極力主張普通學校也應有新聞學的課程，以灌輸新聞的常識。最低的限度：(一)可以養成學生寫作的能力，隨時在報上能自由發表意見。(二)對新聞有閱讀的興味和習慣，可以得到許多的智識。(三)對新聞紙有閱讀的眼光，不致爲有作用的新聞紙所同化。且進而有監督的力量，來督責新聞社的向上。(四)爲職業上另闢一新途徑，將來也可從事這種高尚的記者職業。我們不要忘記 Rick 的名言：『在十四歲卒業小學而入社會的英國人民有十分之八以上，此後只受着新聞智識的教育。』我們要把一般人都能受着活鮮鮮的新聞紙教育，而要受這種活鮮鮮的教育，應該從研究新聞學起。應該領受新聞的智識。我並且提倡說，人人有研究新聞學的必要。

三 研究新聞學的方法

要怎樣去研究新聞學呢，這個問題可分爲新聞紙和新聞學二方面來講，先講讀報的方法。爲什麼要讀報，有什麼的目的，這個觀點，是因爲各人的地位而有不同，政治的人物注意政聞，商界的人物注意經濟，文學家注意副刊，旅行者旨在消閒，各有各的目標，而大家在增進智識這一點，却無二致。但是新聞紙是繁雜而整個的，各種消息無所不容，一部二十四史，正不知從何讀起。我們應先對於想要知道的，和必需知道的部份，有了一個主見和系統，才不致浪費時間，且新聞紙有許多的種類，一個人整天的披閱，也是閱不完的，所以我們要有一個「以最少的勞力來收獲最大的效力」的經濟閱讀法。這個閱讀的方法，依我個人的經驗如下：（一）報紙的選擇。在許多報紙中，有幾種是可以代表時代性的，或某一種類的大報。由各人的需要和時間，來選購幾種，以某一種爲中心點，其餘爲參考。（二）閱讀的次序：一份報紙可分爲精讀，瀏覽，和備讀三種，像電訊要聞和自己有特別關係的爲精讀的部份，應該不要輕易的忽略了。其次是瀏覽部份，像地方新聞社會消息等；末就是備讀（如有餘暇），像副刊廣告等部份。若是太忙，閱標題和重要消息也是一個辦法。(三)閱後判斷，讀報要有判斷力，辨別力，消息的眞僞，評論的是非，要靠自己的主決，是不可全恃報紙的。不過有的報紙也可相當的信任，而在特殊情形之下，只能給你一種暗示，或透露一點先聲，也要靠你自己相當的領會。這些方法似乎很普通的，但每每會引起學術上的趣味，發生比較的研究來，那種報是這樣的編輯，那種報是那樣的編輯，那種報有什麼優點，那種報有什麼劣點，和你的改良的意見，這麼你就可以用新聞學的原則來評判了。

現在轉入本題，新聞學應該怎樣研究呢？第一要先有各種科學的基礎智識。上面已說過了，大概新聞專業可分爲兩種。一種是新聞記者，是關於新聞的採訪和編輯部份，一種是新聞業者，即關於營業和事務部份，爲經營管理廣告印刷發行等。研究新聞學者想從事那一方面的工作，對那方面的學理和技術，應用側重的研究。至盤幽的原則，不消說是應有精湛的認識的。至于印刷部份，因爲關係的密切，也應有相當的明瞭才能全部運用裕如，而成爲有機的和有力的運用。

新聞學的對象是新聞紙，新聞是社會的反映，是活的動的事業。窮源竟委也只有用動的科學方法來研究。因爲現在的新聞社，差不多完全以科學的方法來經營和管理了，我們研究也只有從科學方法上着手。在學理上自要精密的探討，同時也要並重實際的試驗。分析的研究也應注意的，我在日本曾聽一位德國教授說，德國對於分析最爲注意，這是最好的方法，這是動的科學，須大家的合作，不是靜的工作，一人可埋頭鑽研。詳細分起來，有的可歸做種類的，如新聞採訪，新聞編輯，新聞廣告，新聞發行，新聞印刷等。若從新聞性質上，又可分做政治經濟外交教育等若干組，來仔細的探討。但大體上是分做經營方面和編輯方面的較爲普遍。

總括起來說，研究新聞學第一要有基礎的知識，如本國文，外國文，心理學，論理學，統計學，及各科學的相當的智識。第二才爲專門的智識，就是新聞學的原理和事實，如新聞學概論，新聞的採訪，編輯，報館的組織管理，新聞的廣告，發行，以及印刷照相等。第三爲轉助的智識，如經營方面關於商業社會等學識，編輯方面關於政治經濟等學識，都要有時時留心報上的變遷，有機會參觀報館的內容，事實地的考察研究。所以研究新聞學的初步，要先讀概論一類的書；對新聞學有個概念了，第二步再分門別類的研究，精益求精；然後再作實際的歷練，以求事實與原理的相符，達到應用新聞學理論來辦理想新聞紙的目的。

四　新聞學必讀的書籍

新聞學必讀書籍我曾有過編輯新聞學基本十講，大綱如下：

（一）新聞學概論　講授一般的基礎知識，對於新聞的意義起源將來，新聞社的組織經營管理，新聞紙本質的原素分類價值等等，為概念的說明。其本八講：第一講新聞學的泛論，第二講新聞紙的解剖，第三講新聞本質的研究，第四講新聞材料的採集，第五講新聞編輯的方法，第六講新聞社的組織，第七講通信社的組織，第八講新聞學最近的趨勢。

（二）報館經營與管理　講授報館經營的方針，和管理的方法。尤注意於實際的考察，指示理論上應走的途徑。基本七講：第一章報業的意義，第二章報館的編輯部，第三章報館的營業部，第四章報館的印刷部，第五章報館的審理部，第七章報業的將來。

（三）新聞編輯　講授新聞編輯的方法，新聞價值的評判，新聞編輯方針的確定，新聞部的組織，新聞標題的作法，新聞拚版的藝術，以及新聞編輯實際的工作等。

（四）新聞採訪　講授新聞採訪的方法，新聞採訪的標準，新聞訪員的職責，新聞報告的技術，採訪部的組織，新聞訪員的信條；新聞訪員應具的常識，以及地方通信員的實際任務。

（五）新聞文作法　新聞記者無論為編輯　內勤）訪員（外勤）均非有敏捷迅速簡潔流麗的一般寫作技術不為功。本書授新聞文的作法，計分六講：（一）新聞文的意義，（二）新聞文的內涵，（三）新聞文的分類，（四）新聞文的作法，（五）新聞文的藝術，（六）新聞文的功用。

（六）中國新聞史　講授中國新聞的起源，經過，現在，和受外國報紙的影響。注意國內著名報紙的沿革與狀況。總講為（一）新聞之起源，（二）新聞的變遷，（三）新聞之勃興，（四）新聞之現狀，（五）全國新聞紙調查。

（七）世界新聞事業　講授世界各國新聞事業之發生，經過，現狀。而英美法德各國報紙的異同，爲比較的解剖，研究其組織方針言論在國際上的作用。

（八）廣告與發行　上部講授廣告的原理，史略，功用，新聞雜誌廣告的編製與招致。並及廣告圖案的製作。下部則講發行的重要與方法，因廣告爲新聞紙的食糧，而發行與廣告有消長的比例關係。

（九）新聞講座　本講座講授新聞學各種學識，以論文體裁講授，內容爲（一）比較的新聞學（二）新聞紙法（三）評論研究（四）通信工作（五）時事問題（六）印刷（七）校對（八）速記（九）攝影（十）剪報等。

（十）特別講座　本講座不以關於新聞學的智識爲限，凡有關於新聞學的智識，及技巧的智識，都爲適宜的講授，注重課外研究的指導，審查學者研究的報告，凡以前各講座未及者，爲補充的講授，以完成理想的新聞教育，造成新聞專門的人才。

中篇　研究新聞紙的方法

新聞學的對象是新聞紙，研究新聞紙就是研究活的新聞學。在上篇關於新聞紙的讀法，曾約略的講過，現在另外提出來詳細的研究一下：

世界的新聞紙雖不下萬數千種，但把它內容歸納起來，可分爲三類。

（一）新聞的　這類新聞紙是專門供給新聞，傳播各種消息，報告國際上社會上所發生各種事實的。——這是我們日常所讀的新聞紙。

（二）評論的　這類新聞紙是專門發表意見，及注釋新聞，批評事實的。也酌量附載新聞。——如每日評論，每週評壇等刊物，屬於這一類。

（三）學術的 這類新聞紙是專門討論學術，研究問題的，所載的大半是科學的發明，或是學術界的。——如文學科學文藝等專門刊物皆是。

就新聞紙的形式和來源，在國家或地方的觀點上區別，也可分爲數種。各國或各地因爲文化程度的不齊，或環境優劣的差異，新聞業的發展，就分出遲快來。英國爲歐洲新聞業的首府，政論報具有悠久的歷史，體裁編製，造成一種英國式的報紙。美國爲新大陸的大邦，新聞業與科學商業鼎足而興，以新聞與味爲要素，成爲一種美國式的報紙。這兩種形式成爲新聞學上的分野。就中國來說，北平和上海的報紙，也迥然有若干相似英美報紙的差別，就是歷史性的緣故。若再詳細分析起來，還有法國式，德國式，以及新興的日本式。為備眉目起見，分述如下；

（一）英國式　這一派因為政論時代的因襲，仍注重政論，最要的題材，是意見論說批評一類的稿件。政論記事尤爭聘名記者較一日的短長。在形式上最顯著的是第一版的廣告，新聞是登在第二版的。

（二）美國式　這一派因沒有歷史的背境完全注重新聞方面。對於消息的傳播，務求迅速靈快，報告的方法，也力求引動讀者的注意。而傾全力的是趣味主義，怎樣引起讀者的興味。故各種材料很齊備，隨意應讀者的需要。在形式上與英國式不同，第一版爲重要動人的新聞。

（三）法國式　這一派注重報告的方法，與事件的輿論，就是新聞應當怎樣發表，事件應該怎樣批評，始能引起讀者的同情，與一般人的狂熱。簡單說注重方式和體裁，而不注重事實。正和法人文藝的天才，與瀟洒風趣的本質一樣。

（四）德國式　這一派向來注重思想和理論，尤其是科學哲學等學術的探討。對於新聞評論方面，歐戰後始加注意。因戰時受各國新聞政策的惡宣傳，故戰後也趨重新聞方面，以與各國對抗，長篇科學記事，探險小說，也爲德報的特色。

（五）日本式　這一派是最近才興的，是合以上數派一爐共治的。在骨子是德人的科學精神，在描寫是法人的藝術手腕，在形式則兼英美之長。東京朝刊是英國式編輯法，而夕刊則爲美國式編輯法。是一個最好的例子。

上面這五種分類，是就大概來說，此外若俄國式的紀律化，意國式的統一化等等，各具有其國民性與社會政治的背境。就如中國來說，上海報的商業化，平津報的政藝化，蘇杭各報的地方色彩，都有迥然不同的分別，我們若用科學的眼光來研究，就成了比較的新聞學。這種報和那種報同在什麼地方，不同在什麼地方，孰優孰劣，可以比較出來。現在把「爲什麼要閱報」，「要怎樣的閱報」，「閱報有什麼好處」，幾個問題，分別來講：

一　爲什麼要閱報

爲什麼要閱報，答案很簡單，就是要知道許多不知道的事情，人類本是求知的動物，因有欲知道的慾望才有了報紙的要求，報紙的製造者就應了這種需求，搜集許多許多人要知道的事件在一起，來供給人們這個需要。通常人類的生活分做二部份，一部份是物質的生活，一部份是精神的生活，報紙是屬精神一方面的。我們每天起來，就要閱報，看看世界國家社會有什麼事情，已成了一種日常生活必需的習慣。若是有許多事情要辦，則把報上重要的新聞翻閱一過，天下大事市井瑣聞，都已瞭然於胸了；若是閒暇，在棹邊披讀，成了晨餐的伴侶，足未出門，人羣社會的活躍已盡收眼底了。所以後籐氏說，『報紙在今日已同晨餐一樣的重要。』

從另一方面想，假使沒有報紙，要成怎樣的情形呢？在國際關係這樣密切複雜的念世紀，在人事往還這樣繁亢重要的現代社會，要靠書信的傳遞，不但滯遲，而且掛一漏萬。要靠口頭的傳述，那更不行了。雖然有耳目，較遠的地方便無所聞見，竟和聾盲的一般。吉弗孫說：『我願意住在有報紙沒有法律之國家，不願意住在有法律沒有報紙之國家。』就因了這種的感觸。平時我們對閱報成了習慣的人，一旦報紙中斷了或停刊了，就立刻感到無所知無所聞的苦悶，好像今天的一件大事沒有做，心裏很有缺憾似的，因為報紙已成了人類精神的食糧，而不可片刻分離的了。

報紙是社會的縮影，我們既然在社會上做個社會人，對所處的社會自然非明瞭不可。報紙也是一部現代的歷史，一部人類活動的現象的記錄，大之如政治經濟社會教育等，小之如市井瑣聞，里巷雜事；以及科學文藝美術各端，報上無不包羅，色色俱備的。舉凡一個國家的興亡，一個人物的生死，一件事情的變遷，報上都窮原究委，源源本本的詳細記載，像一面反映着整個社會的鏡子。但社會是那樣的廣泛，發生的事情是那麼的衆多，憑個人的能力，當然不能徧嘗各式的生活，和具有各種的智識，於是新聞記者就把他整理剪裁，以最經濟最科學的方法，來製作爲報，我們以極短的時間閱報，便可窺見整個的社會的活動。他告訴我們國際的風雲，國家的新設施，社會上發生悲的喜的事件，以及科學的發明，學術的進步，差不多是無所不包，無所不有的。我們一天要做社會人，我們就非天天看這社會的縮影報紙不可。

在反面上，還有一件事可以證明閱報的重要，新年中上海報紙停刊了幾天，在這幾天中我們感到異樣的枯寂和沈悶。關心時事的，閱報成癮的，對世界的國交，政府的新政，以及新年的情況，社會上發生各種事件的眞相，都迫切的期待着知道。其次那些有閒階級平時只閱社會新聞的奸殺盜匪案事件來作談天資料的，讀着報屁股的妙文諧著來消遣的，也同樣感到沒有報看的苦悶。還有專看娛樂廣告的少爺哥子們，太太小姐們也感到不知大舞台某名伶今晚演什麼名劇，大家也一樣的覺得沒有報看的苦悶，於是就有人利用這個時機，臨時來發刊年報應市，果然一紙風行。由這一點看起來，我們要閱報的需求是怎樣的迫切了。

二　要怎樣的閱報

因爲要知道許多不知道的事情，才有閱報的需求，但世界的事情是那麼的繁多，個人的精力也不能件件都知道，而且報紙也有許多不同的種類，個人也沒有時間都拿來閱讀，于是就有了怎樣閱報的問題了。大概各人立場各異，各有各人的焦點和閱法，例如政界的人物注重政治方面，軍界的人物注重軍事方面，教育界的人物注重教育方面，商人注意經濟欄，運動員注意體育欄，文人注意文藝欄，婦女關心家庭兒童的各種消息，各種人都有他的側重點；而目的在增進智識，擴大視線，却是一樣。但是報紙的內容是複雜而整個的，各種材料無所不包的，頁數少的一二張，多的連本埠增刊七八張，好像一部廿四史，不知從那一張來讀起。有些人茫無頭緒，東看看，西看看，莫明其妙，興趣索然，這是他不知道怎樣讀的緣故。我常常勸告朋友們，閱報應先有一個中心的主見，對那些必需知道的，和想欲知道的，有了層次的觀念，才能有次序的閱法，才能顯出報紙的效能，這個中心系統的確立，基於下列這三點：

（一）在社會人的立場上論，報上許多重大事件，凡具有重要性和社會有密切關係的，因爲我們也是社會的一份子，這一類都要閱讀的。

（二）在個人的事業上論，報上關於自己職業上和事業上的一類事件，應特別的注意，以供參考或取法，這一類閱讀後，最好剪存或摘錄起來。

（三）在時間上和興趣上論，報上新聞過多時，沒有時間詳閱，要擇要的閱讀，爲適宜的規定，若是對某種消息或某一專欄有特別興趣的，可另提出來精閱。

由上面這三個原素，來決定閱報的次序和重點，才有效力不致浪費光陰。不過報的種類多着哩，有的注重政治新聞，有的注重經濟消息，有的注重婦女與體育的，還有的是營業報，有的是機關團體報，種類繁多，不勝枚舉，我們既不能盲目的閱報，就是從早晨閱到晚上，也是閱不完的，即閱完也沒甚好處，所以就要有一個經濟而有效的閱報法了，照我個人想到的方法如下：

第一「選報」 現代新聞事業勃興，每個城市都有數種以上的報紙，有的可以代表時代性的，有的有自己的特點的，我們看着某報的宗旨和言論上消息上自己的需要和時間經濟上，來選定一二種或數種。譬如就在上海的來說，日報公會的五個大報會員，都有自己的截然不同的歷史和環境，我在「中國新聞事業」中說得很詳細，現在把這五個大報的特點簡要的說一說。

（一）申報　注重國內及國際的政治消息，它有悠久歷的，史始終抱着穩健的態度，顯明的特點，是各種新聞和廣告的齊備。新聞偏重政治方面，廣告側重文化方面，（如招生新書等廣告）銷行各行省及國外。

（二）新聞報　注重國內及國際的經濟消息，它也有相當的歷史，宗旨比較的趨重保守方面。新聞和廣告每與申報競爭，新聞和經濟方面，和申報彷彿，在本埠及江浙各地銷路佔第一的位置。

（三）時報　注重婦女家庭運動，在過去也有光榮的歷史，採用最新的經營法，改良鉛字，套印多色，注重社會新聞，提倡運動，爲青年及婦女所愛讀，在新聞的取材上，獨具隻眼，注意到興趣方面。

（四）時事新報　注重學藝及青年修養，這個報一向富于改革的精神，日日在進步中，評論很爲一般人所稱許，學藝方面，如學燈青光引起青年人的注意，在青年界有特別的勢力，以編製新穎爲世界所屬目，許爲模範的報紙。

（五）民報　注重黨政，這報為國民黨的黨報中最有力量的民國日報的替身。新聞注重黨務，廣告有法律上的效力，讀者以黨政機關及黨員佔數最多。（按民國日報一二八案停刊後纔與「民報」。）

這是各報上最顯明的特點，自然關於其他的重要新聞，都以一樣的事爭勝的，不過各有各的側重點能了。要讀那一種報，隨着各人的志趣，為適宜的措置，我有一位朋友是學界的人物，他定了一份申報，因為各種消息廣告比較的齊備，同時又加一份時事新報，因為編製精良，評論有力，而副刊「青光」的小品雋永的緣故。各地雖然不能依着這個標準來選報，也沒有比較近於我理想的報紙，但也只好選一種比較的尚可一閱的地方報，再輔以一種都市報，或再選一二外國報以備參考。

第二「閱法」 報紙旣選定了，在未閱之前，心中應先有了個閱讀的次序。大槪材料可分做縱橫方面，縱的如國際國內地方本埠等，橫的如政治經濟敎育社會等，紛然雜呈，繁雜萬端，閱讀的方法，應該依着次序的前後，由第一張第一欄起到最後的一欄止。但沒有多閒的時間，故應劃分爲精閱，瀏覽，和備閱三種。在時間上可以自由的伸縮，新聞中像提要電訊大事以及自己有下，我們閱報要先有見識，對報上消息的眞僞，評論的是非，我們要有銳敏的觀察力，堅強的判斷力，自己來下主決，這是讀報的人應有的資格。不過有些報紙具有報格的，使我們相當的信任，有時在一種變態的情形之下，報上失却宅的自由，消息上只能給你一點暗示，或是露出一點眞相的痕跡；這些全靠你的敏銳感受力，和讀報經驗才能領會。

在或種情況之下，透露事實的眞像，有很多的方式，要靠聰明的讀者來領會，至於評論的公私，記載的確否，讀者要下判斷，一半可以根據這個報紙的環境，和平素立言的態度，一半也可照自己的觀察和意見來決定的，隨機應，變在我們的聰明的讀者了。

這般人閱報並不是爲着滿足生活上必須知道的智識，只是爲了滿足好奇心，或消遣無聊的時光。有些還只讀山海經式的妙文。新時代的人，要養成良好的閱報習慣，依照我前面所敍述的方法來閱讀，同時報紙方面也應該改良，不要只顧營業，祇求合下流讀者趣味，眞正的辦報者，要下決心來革新，提高讀者的程度，把漠視國家的心理，變成關切的態度，也成爲輿論中的健全份子，這一點我們應該注意，尤其是新聞界同業們。

第三「評斷」今日新聞業，尚在發育的時期，也有些是因爲特別的壓迫，不能自由地來盡它的責任，有些報紙，四方八面週到，抱着不得罪人的宗旨，消息都是很穩健的立論的圓通更不用說了。有些的報紙，本來就是黃色的新聞，在這種情況之特別關係這一部份，不管怎樣的忙碌，每日要有恆心和一定時間來精閱，不要輕易忽略了。其次是瀏覽部分，像各種次要事件，地方新聞，社會新聞等，只要順便瀏覽標題和冒頭的一段，獲到新聞的精采就得了。最後就是備讀一部份，如在辦公餘暇或是在假日，就把副刊及各種的週刊以及普通的廣告之類看看，也是有益的，若是事情實在太忙，但翻閱報上的提要標題及重要消息，也是必要，這個習慣不管怎樣，都要養成的。近來閱報的人，很多有個不良的習慣，大部份不閱社論電訊要聞，尤其是國際消息，好像政治軍事經濟等要訊，國際的變化，和我們漠不相關似的，大家都爭閱着社會新聞的一角。編者爲着迎合讀者的下級趣味，也筆墨淋漓的來描寫這些事件，很有像美國黃報紙的趨勢。

第四「監督」——報紙是社會公共的言論機關，民衆的喉舌，讀者與報館不是商店與顧客的關係，而只是職務上的不同而已。所以報上的立言應以公衆利益爲前提，站在大衆的地位來說話。若是違背這個原則，大衆必共棄之，而走進了自絕於衆的危崖。

故辦報者只有深明此眞諦者才能得羣衆的擁護，得到多數的讀者，立下他的鞏固的基礎。因此讀者對於報紙，應自覺其責任，對於報紙要取一種監督的態度。

在歐美的大報，對於讀者的意見是極端的尊重的，英京的每日新聞的柱石，爲無數熱誠的讀者，每日每年以此自豪。他們對於讀者的來稿除盡量的採納酌刊外，還要減少報資，趕速遞送，有一切利於讀者，總求迅速和便利。日本的報館更有社會事業部，來服務讀者，如運動會，展覽會，病院，航空等事業。聽說歐洲有一個地方讀者向報上投稿發表意見未見刊載，還可以鉗制輿論的罪名起訴呢。上海時事新報近來增了輿論一欄，以容納投稿，就是上述的成例啊。總之，讀者要取一種監視的態度，來督促報紙的上進，才盡他讀者的責任。

第五「研究」 閱報成了習慣，就引起興趣，有比較的批評，就引起研究進一步上進。那種報有什麼優點，那種報有什麼劣點，某報採用分類的編法，某報採用綜合的編法，孰上孰下，下一評判，這麼一來，就可拿新聞學原理來作準繩了。這兒我是主張閱報者都應有新聞學的常識的，在大學講壇上我曾這樣的講過：

新聞學不但是從事新聞事業的人應當研究，就是一般人也應當具有這種智識，才對新聞紙的記載，有評判正謬，辨別是非的能力。且可知道尊重輿論的威嚴以及記者的人格，來促進新聞事業的發展。另進一步，由此種涵養歷練，可以觀察世變，洞悉奸网，揭發社會上的黑幕，政治上的眞象，而戰爭期內尤可解讀記事字裏行間所流露出來的消息，較一般的不知新聞學者較爲容易明瞭許多，或先領會一切的。所以新聞學這一門也可以說是授人以敏銳的眼光，靈敏的思考，剛果的决斷力，進可以理解複雜的社會，左右人羣的潛勢力，退可以析疑辨難，爲立身處世的輔助。因爲這個緣故，新聞學凡是從事新聞事業的人應當學自不消說，就是一般人也是應具的常識。

三　閱報有甚好處

知道要怎樣閱報了，閱了報有什麽好處，這可以知道的，自然還是前面說過了許多不知道的事情。再具體的說點，在公衆上可以溝通人類的思想感情，促進世界的大同，在個人上可以增加新的智識，獲得生活必需的學問來應付新的環境。世界的人類本來有羣居的可能性，但因爲環境的風俗習慣生活氣候等等的不同，傳統下來就形隔膜了，野心家利用起來，便發生了戰爭和許多不幸的事件，這種不幸障礙物的剷除，報紙是最好的工具，因爲報紙是公衆的機關，代表大衆利益說話的，而內容又是現代社會的反映，時代思潮的結晶，東方的思想可以藉着它運輸到西方，西方的思想也可以由它介紹到東方來，東西的思潮能有接近的機會，自然有互相了解的効能，而阻止不幸事件衝突的發生。在消息上又把這個地方的新聞傳播到別一個地方，把別個地方的新聞供給本地方的讀者，交換雙方的消息，使兩個天涯海角的民衆互相了解，互相熟識，漸漸發生感情來，不幸的事件便可消滅了，不幸發生誤會也易於解釋。這是報紙對人類方面最大的貢獻，也是我們閱報最大的益處。至於個人可以得到許多的利益，更不消說。一張報紙的內涵，比一個圖書館還要實用，它不但告訴你世上所發生的事件，人類活躍的情形，你所處在的社會的現狀，這些你如不知道，便可從它很迅速的知道，來應付這新生活的環境同時它還載科學文學哲學醫學各種學藝，你可以隨你所要知道的獲到新的智識，比你在學校所受的還要豐富，成了你終身的教師，一年三百六十五日的指導着你，不會間斷，較之學校短期的畢業，只給你一部份的智識，已大有廣狹長短的不同了。所以一個人由出世識字起，到了老死，可以說都受着報紙的教育，受着這種活的教育。英國人民自十四歲高等小學畢業後，到了社會，有十分之八此後只受着報紙的教育，他們從報紙上獲到許多生活上必需的智識，較在學校課本上所得到不知多了若干萬倍。報紙以新的消息，以及人生最重要的問題，來供給一般的讀者，滿足新的智識慾，脫離了學校教育的人完全倚賴着它來作新智識的糧食，爲終身不斷的修養，我們若是一旦離絕報紙的接觸，不啻窒塞了自己的聰明，觀察每流於錯誤，生活在社會上必到動輒得咎的痛苦，故此報紙的教育，是一日不能夠中斷的。我們閱報不但要知道國家大事，而且要知道世界大事，溝通人類的思想感情，來促進世界大同的實現，在個人要把它認作終身的導師，生活必需的新智識的寶庫，這樣才能發見閱報的效能，閱報的真意義。

結論

現在把上面的講話概括來說　研究新聞學當然要探討學理，但學理是要實用的，所以要研究新聞紙，把新聞學原理實施於新聞紙，把新聞紙照新聞學原理來做，才能成爲理想的新聞紙，才不負研究新聞學的工夫、要怎樣實現我們的理想呢，這是我們現在所要研究的，這篇不過是一把鎖鑰罷了。我們治學雖有先後，而爲學卻無止境，這新興的科學與事業，還期待着我們的努力！

下篇　研究新聞業的方法

一　新聞事業的特質

我們研究新聞學，第一要認識新聞事業的特質。因爲這種特質是新聞業構成的原素，也是新聞學的基本理論。普通談到新聞事業，總說這是人類公共的機關，民衆輿論的代表，廣義的社會教育，各種藝術的綜合物，一般人的日常需要品。這是顯而易見的特點，現將這幾種含義引伸說明如下：

新聞事業的公共性　新聞紙主要的目的，在宣布新聞于公衆。新聞紙是社會公共機關，與營業侔利者異其旨趣。營業者可以侔利爲前提；而新聞紙則應以公衆的利益爲準則。報告正確的消息，貢獻公允之意見，皆其應循之正軌。我們評判新聞紙價值的高低，可以以這種「公共性」質量的多寡來做分寸。換句話說，倘若這種新聞紙帶御用的色彩，違反社會的公意，必爲羣衆所厭棄。現在新聞事業，雖已捲入營業的漩渦，但主持者倘只知以商業的手段經營，而忘其本來的公共特質，則其終必失敗也無疑。此種觀察，舉個例子來說，可以由顧客與讀者的眼光判別之。顧客對于一件東西，但以個人之利害爲權衡，而讀者對于報紙，則以公衆的利害爲取舍。着眼既殊，効果自異。所以新聞事業的經營者，與新聞紙的讀者其職務雖各不同，而其共役此公共之機關則一。我們每說共和國的元首爲公僕，這個名稱正可以贈諸新聞記者。故此經營新聞業，在力謀營業獨立的時候，若時時不忘這是公衆機關的信條，應爲多數人謀福利，自必得羣衆的信仰與擁護。無冕帝王的權威既樹立，報紙發行額數既廣，廣告收入自也增多，本身即賴以發榮，是不啻得公共爲後盾，而共同維持其生命的發展。倫敦「每日新聞」即其顯例。「每日」的銷數爲愛爾蘭第一，人家常說：『每日新聞之柱石，爲無數熱誠之讀者。其力量爲任何報紙所未有！每日縱倒印或側印，而讀者絕不之舍也。』「每日」之所以有此力量，乃在時時以社會公共之機關自任的緣故。因此進一步言，此種公共性發展到極點，可以給予自私自利的新聞紙以共棄的制裁，而納之於正軌。是新聞事業藉公衆之扶掖以前進，而公衆藉新聞事業以致用，其兩方的關係更爲密切而不可離。退一步言，社會上若沒有新聞紙，人類將無所聞見，今則不然，人世一切情況皆可於一紙中得之，有若社會現象的縮小寫眞。新聞紙若缺之此公共的特性，卽失其存在之出發點。所以說新聞紙者卽人類公共的機關。

新聞事業的輿論性　我們足未出國門，而知某國的文野，國交的好惡；身未到首都，而知政令的從違，當局之言行；素未識某人，而有其人的印像，且有若干情感。此種觀念的形成，都是由閱報所得來，而受新聞事業的輿論性陶冶所致。至新聞紙上的評論，有明顯的主張，更不用說。西人每稱新聞紙爲國民的喉舌，我們辦報的發刊辭，也每以代表社會輿論爲職責。這因爲人類的生活，在未脫離民族或國家而進于世界大同之前，新聞紙必有其民族與文字性的存在，而輿論性亦因此而有不同。最初代表國民的輿論于政府，次則代表國家輿論于國際，最後則代表民族的輿論于人類，而致人生之享受。以今日的情形來言，新聞紙自爲國民輿論代表，一國政治的隆替，國民思想的趨向，社會狀況的程度，皆可於新聞紙中求之。故大而國際會議，欲知某國國民的態度如何，某國國民之觀感如何，小而一國內政外交，欲知民衆之主張如何，民衆的意見如何，皆可假新聞紙以傳達之，觀察之。國內輿論雖有時略有向背，而對外爲國家民族初無二致，雖以地域種族的偏見未除，而對於人類共同的事業，謀世界的和平，亦必超然而無異議。故就大體來觀察輿論，必殊途而同歸，終有一致的焦點。近來學者有倡新聞紙不能代表輿論說，意謂公衆的意見，斷非少數記者筆下所能代表，而主張新聞紙職務止在忠實的報告而已，評判應任之于讀者。但是這只見到一面，其實事實如何，即輿論的所在，輿論事業的輿論性，仍然不會消滅的。不過從事新聞業者以事論說，應以大無畏的精神，公正無私的態度，默察國民大多數的心理，與人羣的利益正義，記事立言，自爲國民的喉舌，先得民衆之心而言之。信是，既得大多數人的同情與信仰，自爲輿論的執衡人。是新聞紙爲輿論之代表雖未易言，而新聞事業之輿論性，則至明顯，而確定新聞業輿論的根基。

新聞事業的教育性　教育的目的在給與人生以生活必需的智識，然教育時期不過全人生五分之一而已，而新聞紙與人生則終其身而不離，實一廣義的社會教育。人生必日求新智識以應付新環境，學校教育爲期旣短，而獲得亦止根本的學識，則新聞紙自少小至老死，給人生以無窮的新智識，其効力較大不啻萬倍。我們讀國際消息，知世界的大勢；讀國內要聞，知政局的變遷；讀商業專欄，知市場的貿易；讀社會記事，知市井的瑣事；讀副刊小品，足以陶適性情；讀各種專刊，足以資修養。舉凡人生一切的學問，新聞紙皆包羅萬有，實有如一學問之文庫，人生必需常識之日常課本。美國新聞家每說，「我報無不可至之家庭」，意謂取材嚴謹，記載精翔，不爲兒童淸白的腦力之破壞者。古人云，「教育子弟，如扶醉人」，新聞紙對讀者也正如此，因新聞紙之所載，其影響于讀者至鉅，日常目濡耳染，久之亦與俱同化、爲善爲惡，均繫乎新聞紙之本質。例如從前有一兇手被捕，審其殺某政治要人的動機，乃由于讀新聞紙記某人惡行所引起。是可見新聞紙上一評論，一紀事，甚至一小品，莫不具教育的性質，與人生有密切的關係，執筆之責任較執鞭者更爲重要。因其具有教育性，故新聞紙並有指導社會的使命。羣衆有時爲感情所激盪，而失其理性的判斷，則新聞紙有指導之，闡明事理，以救羣衆之錯誤，而示其應走的坦途之責。又因其爲廣義的社會教育，文學又必以通俗爲要件，成爲一般人的讀物，站在時代的前面，以領導民衆之前進。因爲旣具有教育的機能，着眼處與理解力，自必較一般人爲遠大前進了。

新聞事業的藝術性　新聞紙聚若干人的精神，集若干物的英華，以製成一張紙，尺幅之巾，而已呈藝術的大觀。由採訪而編製，由編製而印刷，由印刷而發行，其事萬端，莫一離乎藝術。就外觀以言，如報館的建築，工場的設備，內部的裝璜，紙張的印刷，都有關乎建築雕刻印刷的學問。就內容而言，新聞的採訪，材料的選擇，題目的製作，組版的配置，都有賴乎羣學文學技術的素養。所以新聞紙的包含，其大無外，其小無內，並不是過譽的。日人曾反證其具有藝術性說，以官報爲例。謂官報之不足以言藝術，固純以政令公文爲材料，至枯燥而無味，編製則又刻版文章，一成不變，以是閱者但覺其可厭而之興趣。新聞紙則不然，對原稿製作，應如何剪裁，應如何鋪述，應如何而始有興味，應如何而始有吸力，非有文學與藝術之素養者不辦。稿成移入編輯者之手，復爲增飾題目，配置適當位置，使其重點與精采，足以映入讀者的眼簾，又非斲輪老手者不足勝任。再而入于印刷，則字體的清秀，報紙的潔白，墨色的勻調，又非有高明的技術與藝術的眼光者不能。積此諸藝，始足以動讀者，而遠勝于官報，此非藝術而何。「日日」美術記者且云，『新聞可應用立體之觀察以表現也。吾人平常對事物爲平面之記述，決不能直射問題之中心，惟有時以直線之方式，敍述事物之始末，有時以曲線之筆鋒，描寫其四週之環象。是賴乎藝術者也。』由此可見藝術性的濃厚了。至其功效，插圖與附刊的圖報，固顯而易見，卽文字的魔力，移轉人心，供給最新興趣的消息，足喚起人類的趣味，也屬藝術性附帶的功能。次則新聞與讀者接觸的焦點，則在字體的配置適宜，標題富有吸引性，而使讀者有不能不讀之勢，尤賴藝術內含的勢力與功効。日本報于此最有心得；可以覆按而見藝術致用的偉績巨觀。

(三)新聞事業的一般性　新聞事業的特質，所謂公共，所謂輿論，所謂教育，所謂藝術，而總歸于此種性質必爲一般的。一般云者，新聞紙的內容須有一般之興味，供給於一般人閱讀者之謂。故讀新聞紙者，每以內容必有多方面爲要件。因其爲公共的機關，故內容無所不包；因其有輿論的性質，故人人有發表意見的時機；因其爲普遍的教育，故必通俗而上中下等人皆能閱讀；因其含有多量的藝術，故必雅俗共賞。故專門的新聞紙，如政黨宗教學藝等爲限者，每不易發達，與吸收多數之讀者。例如近代聞事業初興之宗教報紙，日就湮沒，近年政黨報紙之轉入一般營業之途，皆可以證明違反一般性之難以存立。積是之故，新聞紙遂同其步調，日趨于多方面，而致力於一般性之發達，復輔以各種副刊，如政治經濟文學科學藝術等等較專門的讀物，以爲之助。總之，新聞紙乃一般人的讀物，新聞事業爲一般的事業，其一般性至爲重要，且爲五特質的總歸束。

新聞事業具此五種特質，而不容偏廢，應如何始能發揮此特質，以樹新聞事業之基礎，是則在優秀從事新聞事業人才的養成，而此特質亦有須乎一般人之了解，以共同扶掖其滋長二點上。

二　新聞事業的定義

新聞事業的主體為新聞紙，要定新聞事業的界說如何，且先下一新聞紙的定義。概括百家的所說，可歸之為二類。一由報律規定新聞紙的性質而下定義者，一由新聞紙的特質外觀與作用而下定義者，茲分論于次：

前說如報紙條例第一條：『用機器或印板，及其他化學材料印刷之文字圖畫，以一定名稱繼續發行者，均為報紙。』第二條：『報紙分下列六種：一日刊，二不定期刊，三週刊，四旬刊，五月刊，六年刊。』次為京師管理新聞營業條例，第一條：『凡在京師地面，經營新聞營業，須遵照本規則辦理。』第二條『

新聞分左列三種：(一)報紙，凡日刊週刊旬刊不定期刊等，內容專登載新聞者屬之．(二)雜誌，無論定期刊不定期刊，內容係研究學術性質者屬之．(三)通信社。』又次爲郵政章程新聞紙類：『凡屬各項可以訂購之出版物，無論華文洋文，卽爲新聞紙按期出版物，在中國著名之印刷所，按指定之期，挨次編記出版，且係散張成帙，不用木板布皮等套，或他項堅實之物質裝訂者，卽准在發行處應赴之郵務管理局掛號，作爲新聞紙類郵寄．』此三種解說，雖各有未當，而多有可注意者，由新聞紙條例可知新聞紙之定期性與繼續性，由管理新聞營業條例可知新聞事業概括新聞雜誌通信社三種，由郵政章程新聞紙類，則可知新聞紙形式的區別．但用爲新聞紙之定義，尙有若干點應加研究．

由後者的一說，如吉溫 Gyen 云，『新聞紙者與論之製造者與新聞之紀錄者也。』又如薩羅門 Salomon 云，『新聞紙爲機械複製之定期刊物，將一般有興味之時事狀態之混雜內容，演爲通俗之揭載物。』又如班祿克 Benuoc 云，『新聞紙乃定期或不定期之出版物，以報告新聞與提供意見者也。』此三者各有是處，而可說新聞紙乃揭載新聞與輿論出版物，爲公衆而刊行。威廉氏曰，『新聞家者主記錄，辨申訴，買賣新聞，判斷詞訟，保障民權，任指導又任解釋疑義者也。』又曰『新聞事業是指揮管理主持編一報章一雜誌或別種定期出版物。凡從事於此者皆爲新聞記者。』綜上諸說，以我所見，姑爲新聞事業下一定義曰：

新聞紙者，以報告新聞爲主體，而附載評論廣告，定期爲公衆刊行之印刷物也。凡屬此範圍以內之業務，統稱之曰新聞事業。

此說固未敢云當，特爲便利計，姑作如是云云。新聞紙之責務，惟在報告靈敏眞確之消息于讀者，瓊斯氏所謂新聞紙之天職在報告新聞，他非所知，亦卽此意。其評論乃在其次。時至今日代表輿論一語，已漸失若干効力，公衆之輿論，斷非一二新聞社所能操縱，評論僅可謂新聞紙主持之一部份而已。廣告今日已成爲新聞紙存在的主要條件，自不能舍而不言。餘爲定期性與公共性，則前人已承認其素質。印刷亦爲寄托之生命，更不待言。此複雜的問題自非數言所可盡，上不過述其概要，以供時賢研究指政罷了。

三 新聞事業與人生

世人稱譽新聞紙的口頭禪，最流行者有三：（一）人類精神的食糧，（二）人羣活躍的記錄，（三）人生享用的一種。美人索露布說：『世上的事業，惟紅十字會與新聞事業，乃人類的事業。』其言至可吟味，玆分別論之：

人類的生活分爲二部份，一爲物質生活，一爲精神生活。新聞紙乃屬於精神方面，自無須言。後藤武男曰：『新聞紙在今日已同晨餐同其重要。』吉弗孫 Thoms Jefferson 曰：『予願居於有報紙無法律的國家，而不願居于有法律無報紙的國家。』由上二氏所言，新聞紙與人生的關係，已於此寥寥數語中概括之。

我們每日晨起閱報，已成習慣。（說見前研究新聞紙的方法）公忙者翻閱一過，世事已盡收眼底：『有暇者閑坐披讀，不啻助餐品茗的妙品。若一旦報紙忽中斷或停刊，則苦悶不可名狀，雖有耳目，而十里之外，無所見無所聞也，此日則似有一大事未了，而必悒悒寡歡。』故極言之，雖謂「人類除一餐後，無新聞紙，則不能生活，卽生活亦少樂趣」，亦無不可。所以西人稱新聞紙為精神上的食糧。

又新聞紙乃現代的歷史——活的歷史，舉凡人羣的活躍，大而政治外交經濟教育，小而社會瑣聞，里巷雜事，以及科學美術諸端，莫不燦然皆備。一國的興亡，人物的生死，事情的變遷，新聞紙皆窮源究本，不厭求詳以記之。昔人云，『欲知古事，莫如讀史；欲知今事，莫如閱報。』又曰，『秀才不出門，能知天下事。』此言讀書的重要，亦卽是說閱報也有同樣的功効。九江歌新聞報曰：『社會之耳目也，國民之喉舌也，人羣之境也，文壇之王也，將來之燈也，現在之糧也。』而納之于一名辭之下，曰『新聞紙者人類活躍之記錄，社會所謂現代之史者也。』

然徹底而言，新聞紙的製造，並非新聞社，乃社會所需要而製造。新聞紙非純粹商品，乃人生享用之一種。因人類的求知慾，乃天性的所賦。由欲知道而生新聞紙的需求，由欲使人知道，而發行新聞紙。由欲被人知道而有新聞紙之廣告。故新聞紙與人生之需乎文學的娛樂，哲學的慰藉，藝術的美感，皆有等量的價值。而總爲人生之享用而已。凡是愈文明的國家，人民愈重視新聞紙的價值。與衣食起居，皆一重要。閱報於日常生活中，佔一定的時間，晨起閱報以知大事，公暇閱報以資排遣，歸寢則閱報之副刊，以陶適精神。自畫報與，且視爲一美術品而欣賞之，蓋無往而不視爲人生享用的一種。

新聞紙既爲人生享用的一種，與人生的關係有衣食之用等價值。則享用自必審擇其精粗，而供應者亦力謀如何始可臻于眞美善。供求的目標既同，則進而謀所以求精的方法。於是而有新聞學之發生。集無數人的精力，將新聞紙置之研究室中，檢討之，分析之，議論之，以求一應改進之良策，而致益用于人生。此又新聞學之所以日興。職是諸因，新聞從業者爲人羣之服役，則應修養其學力與人格，以扶持其所業的進步，而有較大之貢獻于人生。同時社會享受之讀者，亦應盡其扶翼的責任，而扶持其前進，以極其用于人生。所以新聞學之應研究，新聞業要發展，啓發個光明燦爛的世界。

代跋

新Journalism的建設

中國的新聞運動，已經到了一個新的時代了！這新時代的來臨，凡新聞的從業者從學者應該聯合起來，建設這新時代的新Journal'sm。

迴溯新聞運動的過去，雖然有了二三十年的歷史，但「新聞學」的被人注意，及引起國人研究的興趣，還是最近的三數年間。而新聞界警鐘的頻驚，也在這個時候發生。爲解决迎頭的大問題，新聞人迫切的需要着新的組合來應付新的環境和担負新的使命。

什麼是新聞界迎頭的大問題呢？

第一，從所有的新聞學書籍中來檢閱，大半移譯東西洋的學說，這也許是初期必經的現象。最堪注意的是這寥寥的幾個作家的中心思想，老是在大談「改良政策」，在過去或可以說是時代的關係，但在黃金獨占了一切的現在，「改良政策」簡直是空談。我們要從唯物史觀來解决新聞業的實際問題，從大衆的出發點來作新聞業社會化的運動。由這二點來做新 Journalism 的理論的中心，就是我們所應建設的新的「新聞學」。

第二，在產業落後的中國，本來談不上 Trust化，但新聞界居然有這種組織的雛型了，新聞紙居然有獨占化的趨勢了，黃金霸占了新聞界，壟斷了新聞界，小資本家及有宗旨的小組織喪失活動的力量，自由競爭已成歷史上的名詞，其結果不但斲喪新聞界新的生機，新聞業也成了純粹的企業。固然新聞業也是企業的一種，但新聞業還帶有社會公共事業的性質，我們並不希望新聞業為一種絕對的公益事業，而放棄營業致危及本身的生存。但我們却誠懇的希望其不要只着眼營利，而犧牲其對社會公衆的責任。我們應該起來督責，使新聞業入於正軌，簡要地說，我們需要着「社會化」的新聞業。

第三，新聞紙獨占的結果，只成了一張「賺錢」的廢紙。例如中國最大城市的報紙的沉悶苦燥亂雜無章，讀者都感到不滿，希望其改革。但因為獨占的緣故，在資方早忘却了本身的使命，笑罵由他，只要能夠「賺錢」就好了。他們用不着改革，反正你不能不看報，你總非買不可。我們在這種無可如何之下，忍氣徒罵都是無益，我們要有積極的呼叫，提出一般的要求，同時給他們一種有力的制裁和監督，督促他們改革與覺悟。這種力量需要着大衆的集團。我們新聞人負有這個喚醒大衆的責任，而來催產出我們一般社會所需要的新聞紙。

最後讓我叫句口號：時代的警鐘響了，新聞人組合起來！

一九三一，二，七，為明日新聞作。

附錄

我從事新聞學術運動的經過

前幾天有幾位朋友請我做篇談談業報的動機，和這十數年來在報館的經驗。這個話匣子開起來未免太長了，現在只隨便寫點從事新聞學術運動的經過罷。

我爲什麼從事新聞事業，簡單說來，最初是好奇的驅使，覺得新聞紙才能夠滿足我知的新的慾望，而引起無窮的興趣，就決定做一個新聞記者。五四運動後新聞事業已是劃一個新的時期了，新聞學也有人出來提倡了。我由一位親戚的介紹，擔任了故鄉一個報館的撰述，同時在學校裏負了一個會刊的編輯，這是我新聞記者的開始。在報館中看見自己的報的編製，材料，印刷紙張，和上海報差得多了，這自然是有他的緣故。又看見上海報和日本報和英文報比着，又形遜色了，這自然也有他的道理。於是我便起了研究的心情，而知道有新聞學這一門的學術。最初啓蒙的課本是徐寶璜先生著的「新聞學」，我開始對新聞學有了模糊的印象。而覺得我的工作和理論離的太遠了，眼前的新聞紙的淺薄幼稚，更不用說了。要怎樣的改革才能進步呢？古人說：「工欲善其事，必先利其器」，當然的只有從提倡新聞學術入手，於是我開始找新聞學術的著述。這年的暑假從汕頭轉學廈門美華書院，一方是求學，一方是仍舊擔任報館的通信。不久在集美圖書館讀到日人松本君平的新聞學，和 Edwin.L.Shuman的Practical Journalism等書，在這時候，我對新聞學已有相當的認識了，想到人家著述的豐富，而中國却是這樣的冷落，我就把我讀書的心得和一點意見，寫成了一本小冊子，也印行來湊湊熱鬧，題名爲「新聞與新聞記者」，就是現在「天廬談報」最初的藍本。雖然摭拾東西洋的學說，內容淺薄得很，但在我則這本處女作是值得追戀的。後一二年新聞學書又有一二本出來了，內容也還豐富，而我那本嘗試出版的小冊子，自然覺得實在太簡陋了。這却給我一個很好的暗示，知道當時一知半解的智識，還不應妄談學術，應該埋頭研究幾年再說。自此數年間沒有產生甚麼作品。等到距今五六年前，我的學業早已告了一段落，服務報館也有相當的經驗了，對這暮氣沈沈的新聞界乃下了改革的决心，我又覺得如果要從根本的改革，那非先提倡學術不可，非使他們知道改革的意義不可。因此才和故都的幾位同志，組織了一個北京新聞學會，以提倡新聞事業和研究新聞學術爲宗旨。並發刊「新聞學刊」，開中國新聞界有專門的學術刊物的新紀元，幾個月後又附刊一「新聞週刊」，注重消息方面的材料。我除了擔任編輯之外，還做了許多稿子。又繼續着作「新聞與新聞記者」的工作。「天鵬」這個名字，就是辦「新聞學刊」時才改了印上的。這是我從南方到北方的往事。

革命成功了，我應申報的聘南下，「新聞學刊」的銷路又增加了數倍，聲勢的浩大，竟出我的意料之外，隱然成爲新聞學（術運動的中心刊物。這兩種出版物——新聞學刊和新聞周刊——在中國新聞學史上的位置，用不着我來自稱自贊，將來史家總會給他適宜的評價的。可惜不久我到日本去了，便無形地把它停刊了。

我在前數年，關於新聞學的論文雖然也做了不少，但除了「新聞與新聞記者」一本小册子外，都始終沒有出過專著的決心。許多朋友，許多讀者勸我刊行，我只做了一種整理的工作，把過去的新聞學論文選集起來，成爲「新聞學論文集」。在東京執業以外，環境很適宜於著述的生活，就進行編輯「新聞學叢書」的計劃，我的「中國新聞事業」「新聞文學概論」就是在東居時作的。這個時期東隣新聞學術的興盛，新聞事業的發達，給我許多的鼓勵。我覺得以彼例我，中國新聞事業的確是最有希望，最有可爲的大事業，只期待着我們來發展，我們去努力。

回國後在暑假中把過去的作品整理出版，依然是幹着新聞記者而兼著述的文字生活。秋來了，因爲某校新聞學系殷勤的相邀，我兼任了教授，「新聞學講座」，「新聞記者的故事」等書，就是講壇上和談話的材料編成的。總計中國所有新聞學書廿餘册中，我却編著了十幾種，現在市上流通的，經過我手製的佔了十分之八，在量上自然可觀，而質上我是十二分的慚愧，沒有甚麼有力的貢獻，不過在沈寂的新聞學界能夠引起國人的注意和認識，而發生了研究的興趣，這一點我是引爲自慰的。

近來有很多關於我的流言，歸納起來（一）說我新聞學的著述很多，一手包辦新聞學界，有獨霸造成權威者的野心；（二）新聞學作品太多了，就自然瑕疵雜見，勸我不要多作，要保持着新聞學已成的位置；（三）原理很多受日本的影響紀述事實也大窮形盡相，勸我多創作，而少從事於整理的工作。我對這些毁譽並不關心，善意的批評，我十二分的感謝，惡意的攻擊，我也付之一笑。不過我從事著述的原因，我在這裏順便的自白。

最初來從事這新聞生活，確是純粹的爲了興趣。後來眼看不過如此如此的報界，才做點改革的文字工作，整個的叢書計劃，並不想在這個時代實現。然而在回國後的職業問題，却把我逼上這條路了。還有一個原因，就是爲了「天廬談報」也是序裏面的那個消失了的女人，我並不想在孔廟裏吃冷猪肉，所以決然的自白了，爲了她要玩玩，我沒有閒錢，才來賣稿子，這些作品便是爲她留下的成績。包辦新聞學界的野心不單是沒有，就是你要給我一個泰山或權威者的頭銜，也不及見那我愛戀着的素心人的微笑所給我的欣悅。其次粗製濫造我也許不否認，但生活沒有辦法；只有盡我的微力，使作品也有一讀的價值。譬如「新聞文學概論」最初是三萬多字的論文，理論大半是創作的；空前固不敢說，然確是心血的結晶。但出版界仍是以數字論值，我只有徵引許多例子來湊成十萬字的鉅製，這實在使原書減少了不少的光輝。最後關於我個人學派的淵源，國立北京大學教授徐寶璜先生予我最大的影響，他是美國的留學生，自然帶些西洋的學風。後來我自己到日本去，一種日本式的新聞學不知不覺完成了我的科學基礎。我覺得新聞學要切於應用，是不能忘却民族性和文學性的，中國需要着中國式的新聞學。我願和諸位來建築新時代的新「Journalism」。

其次論到我個人的思想，是佛家出世的精神、來做入世的事業。社會上所排斥攻評的，我處處視之泰然，因爲我不信人類會有眞正的同情，學術界的毀譽抑揚，我也無所用心，因爲我相信文人永久是相輕的。在社會上混了十幾年，血雖然冷了，而心却仍是熱的。我爲了生活也許兼點旁的職務，然而這是我業報的階梯，我始終過着新聞記者的生活，我始終希望達到稍有建樹的目的。

眼前我是這麼想，有了興趣，也許仍繼續我的工作。將來說不定有較大的貢獻。然而我們的時代是將過去了，偉大的工作是在諸位讀者的身上。我好像識途的老馬，只能識途罷了，而負這建設「新Journalism」的使命，要新人才能勝任。我們嚴整我們的隊伍，一致的向前進、成功，就在我們的前面期候着。

一九三一，三，九，上海。

图书在版编目（CIP）数据

新闻学入门 / 黄天鹏著．—北京：中国传媒大学出版社，2018.3
（中国近代新闻学名著系列丛书 / 芮必峰主编）
ISBN 978-7-5657-2276-9

Ⅰ．①新… Ⅱ．①黄… Ⅲ．①新闻学 Ⅳ．① G210

中国版本图书馆 CIP 数据核字（2018）第 048670 号

中国近代新闻学名著系列丛书
芮必峰 主编
新闻学入门
XINWENXUE RUMEN

著　　者	黄天鹏
策划编辑	司马兰　姜颖昳
责任编辑	姜颖昳
封面设计	拓美设计
责任印制	阳金洲
出版发行	中国传媒大学出版社
社　　址	北京市朝阳区定福庄东街 1 号　　邮编：100024
电　　话	86-10-65450532 或 65450528　　传真：010-65779405
网　　址	http://www.cucp.com.cn
经　　销	全国新华书店
印　　刷	北京华联印刷有限公司
开　　本	787mm × 1092mm　1/16
印　　张	6.75
字　　数	55 千字
版　　次	2018 年 6 月第 1 版　2018 年 6 月第 1 次印刷
书　　号	ISBN 978-7-5657-2276-9/G · 2276　　定　价　35.00 元